_____ 님께

_____ 드림

가슴에 내리는 비
커피시인 윤보영의 캘리시집

초판 1쇄 발행 2017년 05월 25일

지은이_ 윤보영
캘리그라퍼_ 한미옥
감수_ 정순임
펴낸이_ (주)카드들 심재성
편집·제작_ (주)북모아

출판등록번호_ 제25100-2016-000023
주소_ 서울 동작구 상도로 252 명승빌딩
전화_ 02)826-4868
팩스_ 0303-0691-4545
E-mail_ woodcard@naver.com
http://carddul.com

ISBN 979-11-958270-3-9 (03810)
값 12,000원

잘못된 책은 바꿔드리겠습니다.
저자와의 협의하에 인지는 붙이지 않았습니다.

이 도서의 국립중앙도서관 출판예정도서목록(CIP)은
서지정보유통지원시스템 홈페이지(http://seoji.nl.go.kr)와
국가자료공동목록시스템(http://www.nl.go.kr/kolisnet)에서
이용하실 수 있습니다. (CIP제어번호: CIP2017008713)

가슴에 내리는 비

시 **윤보영**
캘리그라퍼 **한 미 옥**

윤보영 尹普泳

- 대전일보 신춘문예(2009) 동시당선
  한국동시문학회, 한국동요문화협회 회원
  중학교 국어교과서 '어쩌면 좋지' 수록
  초등학교 음악교과서 '예쁜 둘레길' 동요 수록
  2015년도 '영화관을 찾아온 시 4편' 중 '웃음비' 등 3편 선정
  전국 감성시 쓰기 공식 특강 중

- **시집**
  「소금별 초록별」
  「사기막골 이야기」
  「바람편에 보낸 안부」
  「그대가 있어 더 좋은 하루」
  「커피도 가끔은 사랑이 된다」
  「詩가 있는 마을」

- **캘리시집**
  「커피와 詩와 사랑 그리고...쓰다」
  「커피는 사랑으로 다가서는 핑계」 등 15권 발간

  신간-캘리시집
  「바람으로 왔다가 꽃으로 머무는 봄」

  윤보영 시인 팬카페 「바람편에 보낸안부」
  주소 : http://cafe.daum.net/YUNBOYOUNG
  제3회 윤보영 동시 전국 어린이 낭송대회 개최 주관
  E-mail : quftldls@hanmail.net

프롤로그

'가슴에 내리는 비!'
1천만 명이 영상으로 감상한 시 제목입니다.
이 멋진 제목으로 여름 감성 캘리그래피 시집을 발간하게 되었습니다.
봄에 발간된 '바람으로 왔다가 꽃으로 머무는 봄'에 이어
이 시집도 메말라 가는 사람들의 가슴에 감동으로 담겨 행복이 쏟아졌으면 좋겠습니다.
그 행복이 가을과 겨울에 나올 캘리그래피 시집으로 이어질 수 있도록 좋을 글을 준비하겠습니다.
감사합니다.

항상 사람들의 행복이 먼저인 '국립춘천병원' 뜰에서 윤보영

차례

알거야 • 11

6월을 열면서 • 12

가고 싶은 곳 • 14

보고 싶은 사람 • 15

현충일 • 16

가슴에 적어 둔 글씨 • 17

6월 편지 • 18

고향 꽃 • 19

그대는 • 20

나는 당신에게 • 22

동화같은 사랑 • 23

가슴에 내리는 비 • 24

마주침 • 28

수련 • 29

아마도 그럴 테지요 • 30

하지 • 31

꽃 • 32

첫사랑 • 33

성공한 사람은 • 34

아직은 비밀 • 35

별똥별처럼 • 36

오늘 기분 맑음 • 37

너는 꽃, 나는 꽃밭 • 38

7월에는 • 39

찔레와 장미 • 40

사랑과 그리움 • 41

내 안의 당신 • 42

비 갠 아침 • 44

7월에는 친구를 • 45

아침 연가 • 46

커피를 들고 • 47

연습하는 중 • 48

해바라기와 나 • 49

생각에서 걸어 나온 • 50

가슴에 내리는 비

사랑의 증표 • 51
나이가 들어서도 • 52
홍수 • 53
그대 다녀가신 날 • 54
비와 함께 • 55
비가 내리는 날에는 • 56
꽃에게 속삭입니다 • 57
저절로 • 58
장미꽃잎에 적힌 그대 마음 • 59
사랑 온도 • 60
복날 • 61
그리울 때는 • 62
감미롭게 • 63
8월 편지 • 64
사랑 쌓기 • 66
8월이 아름다운 이유 • 67
커피라는 것 • 68

너라는 이름 • 70
파랑새 커피 • 71
커피를 마시며 • 72
가슴 깊이 물든 그리움 • 73
푸른 눈물 • 74
쪽빛 연가 • 75
일상을 지우고 • 76
생각 나무 • 77
그대가 있어야 하는 이유 • 78
광복절 • 79
사랑하니까 • 80
햇살 커피 • 82
여름밤에 쓴 편지 • 83
8월 더위 • 84
산은 산이 그립고
나는 그대가 그립다 • 85
행복 추가 • 86

가슴에 내리는 비

향기 • 87

혹시 내 생각날 때는 • 88

사랑에 젖고 싶다 • 89

처서 • 90

어떻게하죠 • 91

그대는 누구십니까 • 92

생각할 수 있는 건 축복입니다 • 94

찻잔 속의 얼굴 • 95

사랑 한 줌 • 96

커피 • 97

너 닮은 꽃 • 98

커피 언제 마실까요 • 99

가슴에 내리는 비

알 거야

바람은 알 거야
 보고 온 꽃이 예쁘다는 걸

구름은 알 거야
 지나온 꽃이 예쁘다는 걸

새는 알 거야
 찾아갔다 온 꽃이 예쁘다는 걸

꽃은 알 거야
 방금 함께 놀다 온 내가
 자기처럼 예쁘다는 걸

6월을 열면서

6월입니다
늘 그랬듯
그대 생각을 먼저 했습니다
웃으면서 6월을 시작했습니다

6월은
나라를 위해 헌신하신
선열들을 생각하겠습니다
부족함이 없는지 돌아보고
한 해의 반을 마무리하겠습니다

걸음을 멈추고
나무 그늘에 앉아
하늘을 보겠습니다
바람소리도 듣겠습니다

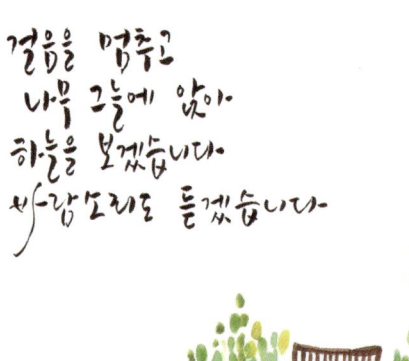

좋은 사람을 만나
커피 마시면서
이야기를 나누겠습니다
내가 더 많이 듣겠습니다

바쁘지만 여유를 갖고
아름다운 시간으로 채워
7월에게 선물하겠습니다

하지만 6월은
감사하는 마음이 먼저입니다
늘 그랬듯
사랑도 함께 해야 합니다

고맙습니다
사랑합니다

가고 싶은 곳

다리가
없는 강은
배를 타고
건너야 하듯

너에게 갈길 없는 나도
마음의 배 한 척
띄워야겠어

그리움에 출렁이다
뱃멀미는
나겠지만

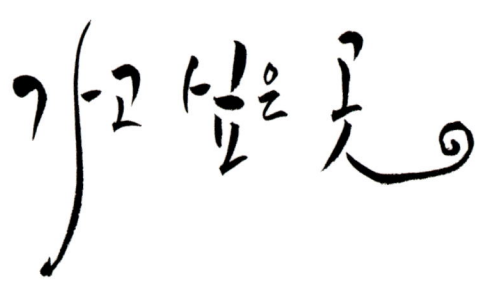

보고 싶은 사람

흘러간 사랑이
그렇게 좋으냐고
물었지요?

매일 얼굴 보고
전화하고 편지 적고
넉 달 열흘 동안
일백 번을 만났어도
보고 싶은 사람

가만히 있어도
자꾸 생각나고
생각하면 기분이 좋아지는 데
세월이 흘렀다고
잊을 수 있나요?

현충일

오늘은 현충일
마음에서
기쁜 한 조각 떼어내
당신 생각하는데
보태겠습니다

후손에게 행복한
미래를 선물하기 위해 희생한
당신의 참뜻이 빛바래지 않게
떼어낸 자리에
사랑을 달겠습니다

앞으로도 지금처럼
늘 사랑하며
행복하게
살겠습니다

가슴에 적어둔 글씨

바쁘지만
일상을 잠시 놓고
내 가슴 한번 닦아 볼래

낯익은 모습
닮고 나는 사람이 보일거야

그 사람에게
못다한 말
내 가슴에 적어놓았어
사랑해

6월 편지

6월에는
편지를 적겠습니다

푸른 들판처럼 싱싱한
내 그리움을 몽땅 꺼내놓고
초록편지를 적겠습니다

미소로 있을 테고
안타까움도 있겠지만
마음 가는 대로 적어지게
그냥 두어야겠습니다

편지를 다 적고나면
다시 읽지 않겠습니다
적힌 대로 보내겠습니다

편지를 적고 있는 지금
보고 싶어 눈물이 핑 도는 이 순간도
편지의 한 부분이 될 수 있으니까요

6월에는
적힌 대로 그대에게 보낼
초록편지를 적겠습니다

답장 대신
그대 미소를 생각하며
바람편에 그 편지를 보내겠습니다

고향꽃

늪에 핀
나리꽃이
당신을 닮았군요

꽃을 보니
고향 생각이 나고

당신 곁에 내 있으니
고향에 와
있는 듯합니다~

그대는

웃으면 함께 웃고
울면 따라 우는 그대는
내 감정의 조종사

눈을
떠도 보이고
눈을 감아도 보이는 그대는
생각하나 떼어 만든 내 분신

그리움에 담아두고
늘 찾아가는 그대는
마음을 기대는 나의 연인

이 면은 독자님과 함께 하기 위해 비워둔 공간입니다
캘리그라피나 자작시로 꾸며 선물하시면 더 뜻 깊은 시집이 됩니다.

나는 당신에게

나는 당신에게
커피처럼
부드러운 사람이었으면
좋겠습니다

나는 당신에게
커피처럼
향기로운 사람이었으면
좋겠습니다

나는 당신에게
커피처럼
편안한 사람이었으면
좋겠습니다

나는 당신에게
커피처럼
분위기 있는 사람이었으면
좋겠습니다

당신이 내게 그러하듯
나도 당신에게
언제나, 늘, 그리고 항상
커피 같은 사람이었으면 좋겠습니다~

동화같은 사랑

우리 집 앞에
산책 길 하나가 있다

그곳을 걸어가면
네 생각 방해할까 봐
나무, 바람, 새들까지도
소리를 낮춘다

훗날 너와 만나
그 길을 걸어가면
모두 손뼉을 치겠지

동화같은 사랑이라고

가슴에 내리는 비

비가 내리는 군요
내리는 비에 그리움이 젖을까봐
마음의 우산을 준비했습니다
보고 싶은 그대

오늘같이
비가 내리는 날은
그대 찾아 나섭니다
그립다 못해
내 마음에도 주룩주룩
비가 내립니다

내리는 비에는
옷이 젖지만
쏟아지는 그리움에는
마음이 젖는군요
벗을 수도 없고
말릴 수도 없고

비 내리는 날은
하늘이 어둡습니다
그러나 마음을 열면
맑은 하늘이 보입니다
그 하늘
당신이니까요

빗물에 하늘을 지우고
그 자리에
그대 생각 멈출 수 있어
비 오는 날 제법을 좋아합니다
그리움 담고 사는 나를

늦은 밤인데도
정신이 더 맑아지는 것을 보면
그대 생각이 비처럼
내 마음을 씻어주고 있나 봅니다

비가 내립니다
내 마음에 빗물을 담아
촉촉한 가슴이 되면
꽃씨를 뿌리렵니다
그 꽃씨 당신입니다

비가 오면
우산으로 그대 몸을 가리고
바람 불 때면
가슴으로 당신을 덥습니다

비가 내립니다
빗줄기 이어 매고
그네 타듯 출렁이는 그리움
창밖을 보며
그대 생각하는 아침입니다

내리는 비는
　우산으로 가릴 수 있지만
　쏟아지는 그리움은
　　막을 누가 없군요
폭우로 쏟아지니까요

　비가 내립니다
　　누군가가
　빗속을 달려와
　　부를 것 같은 설레임
　내 안의 그대였군요

마주침

아! 그랬습니다

그대와 마주칠 때
정신을 잃었고
내 모든것이 녹아내렸습니다

설탕에 들어간 개미처럼
감미로운 그대 마음에 빠져
나를 놓치고 말았습니다

난파선처럼 밀려 밀려
오늘은
그대 가슴까지 닿았습니다

수련

연못에
곱게 핀 수련 한 송이가
그대 모습 같기에
얼른 내 안을 보았지요

연꽃 같은 그대가
웃고 있는걸 보니
연못 하나 담다가
비쳤나 봐요

아마도 그럴 테지요

내리던 비 그쳤는데
그대 계시는 곳에도 그럴 테지요

창가에 앉아
커피 한 잔 앞에 두고
눅눅한 마음 말리다가
그대 생각에 더 젖고 말았네요

그대도 어디선가
커피 한 잔 앞에 두고
날 생각하고 있겠지요

그대 혹시 몰라
그냥 그리워만 하는 나처럼
어디선가에서
그리워만 하고 있겠지요

아마도
아마도
그럴 테지요

하지

하지
하지
하지!

뭘?
내 생각!

오늘은
밤이 짧은 만큼
낮에
네 생각 더 많이
해야겠다

하지니까~

꽃

훗훗
웃었다

꽃 앞에서 웃었다
그대 닮았다 하면
꽃이 자존심 상할 것 같아서

꽃보다
그대가 예쁘다는 말
끝내끝내 못하고
웃기만 했다

첫사랑

나를 생각하면
콩콩 언
네 마음에 싹이
돋는다 했지

한솥 더때 나를
꽃까지 피웠다 했다

내 생각하다 보니
수없이 꽃이 지고
그리움만 열렸는데
내 마음 받아줄 너는
지금 어디에
살고 있는지

성공한 사람은

성공한 사람은
"예"라는 말을
가장 많이 한다고 했습니다

저도 그렇습니다
당신에게
"응"을 가장 많이 하고 있습니다

가볍게 보일까 봐
너더 번 밖에 안 꺼냈지만
사실은 속으로
가슴에 파묻어 일도록
했습니다

아직은 비밀

나를 두고 떠난
그대가 없었다면
내리는 비를 보고도
생각할 그리움이
없었을 겁니다~

언젠가 운이 좋아
그대를 만나면
그리움이 모여
강물이 되고

지금도
그 강물을 끝없이 거닐고 있다고
고백할 겁니다~

별똥별처럼

멀리있는 모습은 볼 수 있어도
　가까이 있는 모습은 볼 수 없는 것이
　　별이라고 했어

가끔 네가 별이라는 생각이 들어
　깊은 마음에 담고 있는 너도
　　내 앞에 꺼낼 수는 없잖아

하지만 언젠가
　내 가슴에 떨어져
　　사랑으로 흐를 것을 알고 있어

그런 너를 사랑해
　너는 나의 별

오늘 기분 맑음

우연히 올려다본
 맑은 하늘에
웃는 내 얼굴이 있어

구름도 올 수 있고
바람도 지나갈 수 있고

얼른 두 손으로 떼내
가슴에 옮겼어

오늘은 내 마음도 맑음이야
 웃는 내 얼굴 따라
  웃을 수도 있고

너는 꽃 나는 꽃밭

꽃을 드는 사람
꽃을 주는 사람
그러나 나는
꽃을 가꾸는 사람
너는 꽃이고
내 가슴은 꽃밭이게
사랑해

7월에는

7월입니다
행복한 생각이 내 안을 채울
아름다운 7월입니다

늘 그랬듯
올 7월도 바쁘겠지만
산과 들로 떠나는 여유를 갖겠습니다
사는 맛을 느끼겠습니다

7월에는
바람을 바람으로 느끼고
하늘을 자주 보겠습니다
바람도 되어보고 구름도 되어보겠습니다

들꽃 앞에서 걸음을 멈추고
봄에 꽃을 본 자리로 찾아가서
북쩍 자란 열매를 보겠습니다
열매 앞에 선 나도 보겠습니다

하지만 7월도
차 한 잔 앞에 두고
그대 생각하면서 보내겠습니다
7월에는
내가 주인인 7월에는

찔레와 장미

찔레에
장미를 접붙인 것처럼
내 안에
그대 마음을 접붙였습니다
장미꽃보다 더 아름다운
그대를 보기 위해서

사랑과 그리움

사랑은
　보고싶다고 말을 해서
확인해야 하고

그리움은
　말없이 참고 지내며
속으로 막아야 하고

수많은 세월이 흘렀어도
　늘 보고 싶은 그대는
일상 속에 묻고 사는 내 그리움입니다

내 안의 당신

내 안에 있는 당신도
자주 만나지 않으면
낯설어 질까요?

아니, 생각만 하면
언제든지 달려 나와
반겨줄 것만 같은 당신

이 면은 독자님과 함께 하기 위해 비워둔 공간입니다
캘리그라피나 자작시로 꾸며 선물하시면 더 뜻 깊은 시집이 됩니다.

비 갠 아침

밤새 내리던
비가 그쳤습니다—

그렇다고
내리던 비를 보며
그대 보고 싶어 했던
그리움까지 그친 것은
아닙니다—

그래서
더 그리울 각오를 하고
커피를 준비하고
있습니다

7월에는 친구를

7월에는
내 일상속에서
잊고 지낸 친구를 찾겠습니다

바쁘다는 핑계로
이름조차 기억하지 않았던 친구!

설령 친구가
나를 기억하지 않는다 해도
상관하지 않겠습니다

친구를 찾게 되면
내가 먼저 전화를 하겠습니다

없는 번호라고 안내되어도
한 번 더 전화해 보겠습니다

결번이라는 신호음을 들으면서
묻어 둔 기억을 다시 꺼내겠습니다

7월에 찾고 싶은 친구는
언젠가 만나야 할 그리움입니다
내 사랑입니다

@아침 연가

그 뜨거운 기운을
다 삼키고도 남은
아침 기운이 사랑스럽다

쥐똥나무 잎이 사랑스럽고
느티나무 잎이 사랑스럽다

장미 넝쿨도 사랑스럽고
강물도 사랑스럽다

일상을 내려놓고
넉넉한 마음으로 바라보니
그대 생각처럼
보이는 게 사랑이다
설렘이다

커피를 들고

사람들은 커피를
커피로 마시지만
나는 커피를
그대 생각으로 마신다

사람들은 마신 커피로
느티나무 그늘을 얻지만
나는 마신 커피로
기쁨에
 날개를 단다

@연습하는 중

네 생각 종이에!
보고 싶었어!
자꾸 생각나!

내 안에는 온통
네 생각뿐이야!

나 좋지?
좋아해도 되?
나만큼
좋아해 줄 거지?

커피잔 앞에
이런 말 적어두고
날마다 연습한다

해바라기와 나

따라가는 것은
둘 다 같지만
해바라기는
씨를 맺기위해
해를 따라가고

내 생각은
그대가 보고싶어
따라가고

생각에서 걸어 나온

훌륭한 연주가는
악보를 보지 않고도 건반을 칠 수 있는 것처럼

그리움 담고 사는 나도
눈을 감고 네 생각을 두드릴 수 있어

건반에서 흘러나온 음악은
청중을 열광시켜 분위기를 사로잡지만

생각에서 걸어 나온 너는
내 마음 사로잡아 행복을 만들지

날마다 들어도 좋은 음악
하루라도 두드리지 않으면
병이 날 것 같은 네 생각

사랑의 증표

내가 다시 태어난다 해도
　너를 사랑할 거야

못 이룬 사랑 때문에
　지금보다 더 큰 아픔이 온다 해도
　　너를 그리워하며 살 거야

멀리서도 볼 수 있는 노을처럼
　내 마음을 온통
　　네 생각으로 붉게 물들일 거야

마음 닫고 사는 너에게 주고 싶은
　내 마음의 증표야

나이가 들어서도

나이가 들어서도
나에게
반드시 있어야 할 3가지

첫째 당신!
　지금처럼
　내가 사랑해 줄 수 있는

둘째
　역시 당신!
　늘, 내가
　행복을 선물해 줄 수 있는

셋째
　당연히, 친구 같은 당신!
　당신 행복으로
　내 행복을 얻게 될

홍수

그리움 씻어 줄
소나기 한줄기 간절한 오후

폭우가 쏟아집니다

그대 생각하는 내 마음에
홍수가 졌으면

그대 다녀가던 날

마음 밭을 일구어
사랑으로 싹트길 기다리며
그대 흔적 모두 모아 묻었지

그 흔적
나무로 자라
지금은 나를 지탱하고 있고

비와 함께

비가 내린다―

나무는
잎을 흔들며 좋아하고

거리는
빗물을 보듬으며 좋아하고

오늘처럼
비를 맞으며 걷고 있는 나는
그대를 그리워할 수 있어 좋다―

비가 내리는 날에는

그립다는 말을 던져놓고
에어리로 다가오는
　대답을 기다릴 때가 있었습니다

보고 싶다는 말을 보내놓고
바람 편에 날려 오는
　대답을 기다린 적이 있었습니다

비가 내립니다
　보고 싶다는 말을 창 밖에 던져놓고
내리는 비를 보며
　대답을 기다리고 있습니다

대답 대신 내 안에 비가 내립니다
　당신 생각이 구름이 되고
보고 싶은 마음이 비가 되었나 봅니다
　나도 비가 됩니다

당신이 보고 싶습니다
보고 싶다는 말이 당신을 더 보고 싶게 만드는 오늘!

비를 보며
　보고 싶다는 말을 던져놓고
대답을 기다리는 이 시간이 좋습니다
비가 되어도 좋습니다

꽃에게 속삭입니다

꽃
너는 좋겠다

내
좋아하는 사람처럼
너를 좋아해서
참 좋겠다

내가
좋아하는 사람도
널 좋아하는 날
이해해줄 것 같아서
정말 좋겠다

저절로

밤이 되면
별이 나오는 것도
저절로
별을 보면
네가 생각나는 것도
저절로

꽃을 보면
기분이 좋아지는 것도
저절로
꽃을 보면
네가 생각나는 것도
저절로

저절로 저절로
기분 좋은 저절로

장미꽃잎에 적힌 그대 마음

한 잎을 읽으면
가슴이
꽃송이가 되고
열 잎을 읽으면
꽃밭이 되고

날마다 읽다 보니
내 안은
꽃천지가 되었다

읽을수록 깊어지는 그리움
날마다
그리움 속으로 걷고 있는 나~

사랑 온도

커피가
　　겁도 없이
내 가슴에 청진기를 댔다

찌지직 ~
　　뜨거운 그대 생각에
　　　　감전되었다

한참 만에
　　깨어난 커피
향이 부드럽다

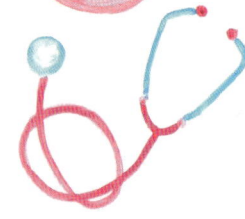

복날

복날만 되면 미안하다
삼계탕에 들어가는 닭에게 미안하고
분주하게 만든
사람에게 미안하고
가끔이긴 하지만
미안한 게 더 있을 때도 있다

오늘도 점심에
즐거운 마음으로
미안함을 대신했다

복날을 핑계로
좋은 사람과 마주 앉을 기회를 만들었고
함께 삼계탕을 먹었다

그래도 미안하다
미안한 건 미안한거다
미안하다

그리울 때는

그리울 때는
창밖 하늘에
그대 얼굴 하나…!

그리울 때는
내 마음에
그대 얼굴 하나…!

그리울 때는
지금처럼
들고 있는 커피에도
그대 얼굴 하나…

감미롭게

커피잔에
커피가 모르게
그대 생각을 넣어 보내요

마시고 나면
"이렇게 좋은 커피가 있다니!"
하고 놀랄걸요

저는요
마실 때마다
알고 있으면서도
매번 그 맛에
놀라거든요

8월 편지

8월에는 편지를 적겠습니다
　늦은 편지지만
진을 그리움으로 적겠습니다

기다린 시간도 담고
　보고 싶은 마음도 담아야겠습니다

바람은 바람으로 여겼고
　별은 별로만 여겼지만
그것마저 그리움이었다고
　모두가 보고 싶은 마음이었다고
솔직하게 적겠습니다

8월이 되기까지
　준비해 온 기간이었다면
돌아보는 시간도 갖겠습니다

커피 한 잔 마시면서
묶어 둔 기억을 풀어보고
하고 싶은 일이 무엇인지
돌이켜 보겠습니다

하지만 늘 그랬던 것처럼
처음 마음으로 돌아와
다시 시작하겠습니다

한 해를 반으로 나누면
6월은 아직 시작 쪽에 가까우니
그렇게 해도 무리는 없을 겁니다

편지를 적겠습니다
그리웠다고
보고 싶어도 잘 지내고 있다고
있는 그대로 적은 편지를
6월 편에 보내겠습니다

사랑 쌓기

그리움을 허물다
돌아보니
더 많은 그리움만
쌓여 있군요

내가 정말
그대를
사랑하고
있나 봅니다

8월이 아름다운 이유

8월입니다~

행복으로 채워질 한 달을 위해
그대 그리움이 독차지할
이 한 달을 위해

그대 생각이 지배할 한 달을 위해
그대가 내 모든 것이 되어도 좋을
이 한 달을 위해
기분 좋은 마음으로 엽니다~

동산에 떠오르는 해처럼
내 삶에 힘이 되는 그대!
그대가 있기에
이 한 달도
지난 한 달처럼
참 아름다울 것 같습니다

커피라는 것

한 모금에
　보고 싶은 사람이 생각나고

두 모금에
　내 안이 그리움으로 젖고

세 모금에
　그 사람이 곁에 와 앉는다

그게
　커피라는 걸
　　사람들은 모르고 마신다~

이 면은 독자님과 함께 하기 위해 비워둔 공간입니다
캘리그라피나 자작시로 꾸며 선물하시면 더 뜻 깊은 시집이 됩니다.

너라는 이름

보고 싶을 때마다
길모퉁이 돌에다
붓펼로 너의 이름 적었다가
혹 내 마음 들킬까 봐
손이 닳도록 지웠었다

한 세월 흘렀어도
자꾸 더 보고 싶어지는 걸 보면
그 돌은 치울 수도 뽑을 수도 없이
내 가슴에 박혀 있나 보다

돌 위에
너라는 이름의
나무 한 그루 자라고 있다

파랑새 커피

커피잔에서
파랑새 한 마리가
날아오릅니다~

그대 생각하다 보면
늘 내 안에서는
파랑새가
날아오릅니다~

"좋다! 좋다!" 말하니까
커피도 나처럼
기분이 좋은가 봅니다~

커피를 마시며

그대 생각하며 마시는 커피에
파도 소리가 들리는 것은
그대가 바다이기 때문일까

아니면
바다인 그대가
내 가슴에 그리움으로 담겨
출렁이기 때문일까

가슴 깊이 물든 그리움

더위를 쫓기 위해
잠시 앉았다가
갑자기 찾아온
반가움이 있거늘
그대가 안쓰러워
다가선 내가
마음을 꺼내 들고
산이 되어 있겠거니
여기소서

마른하늘에 번개 일고
천둥이 치다가
갑자기 소나기가 쏟아지지만
그대 그리움을 참지 못해
어디선가 흐느끼며
마음 뜨는 소리려니
여기소서

푸른 눈물

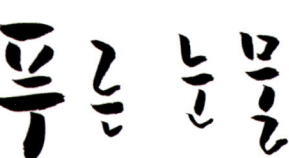

하늘에 묻던
 감정을 들이대고
낮을 세운다

일상이 쓰러지고
 묻었던 기억에 바속이 돋는다

내려다보던 하늘이
 날카로운 감정에 가슴을 베인다

그리움, 아쉬움, 아픔을
 넘어
푸른 눈물이 쏟아진다

쪽빛 연가

옹기종기 섬 사이에
  그대 모습
그리고 있습니다

붉으레 닮은 코
  깊은 눈
미소짓는 볼

그대를 그리다가
바다 안으로 들어섭니다

너무 보고 싶어
내 안에 파도가 칩니다

일상을 지우고

일상을 지우고
꽃을 심겠다고요?

일상을 지우고
나무를 심겠다고요?

일상을 지우고
산을 그리고
강을 그리고
하늘까지 그리겠다고요?

그렇게 하세요
저는 그냥
내가 좋아하는 사람
얼굴 하나 그릴테니까~

생각 나무

언젠가
햇살 고운 창가에 앉아
네 생각하며
커피를 마신 적 있어

그때, 커피잔에
나는 너라는 나무를 심고
생각 나무라 이름 지었지

생각한 만큼 자꾸 자라는 나무
오늘도 어제처럼
커피를 마시며
생각 나무를 키우고 있어

그대가 있어야 하는 이유

빈 택시를 탔습니다
싸늘한 분위기에
찬 기운이 돕니다

안되겠습니다
모닥불을 피우듯
그대 생각을 꺼내어야겠습니다

따뜻한 기운이 돌고
꽃길이 열립니다
나비가 날고
새소리가 들립니다

이래서
내 곁에는
늘 그대가 있어야 합니다

광복절

오늘입니다
온 국민이 한결같은 마음으로
기다렸던 그날이 오늘입니다

사람과 사람이 약속하고
한 사람을 기다려도 잠을 설치는데
언제 올지도 모를 그날을
애타게 기다렸을 사람들을 생각하면
한 세월 지난 지금도 가슴이 멥니다

오늘은 태극기를 달고
그때 그 기다리는 마음을
나누어 갖겠습니다

광복을 보지 못하고
기다림으로 떠났을 사람들에게
광복을 알리기 위해
가슴에도 태극기를 달겠습니다
사랑하는 마음으로 펄럭이겠습니다

광복절!
오늘이 그날입니다
오늘이 그런 날입니다

사랑하니까

뒤를 봐
아무도 없지
그래.
나는 늘 네 안에 있어
함께 걷고
함께 생각하고

그런데
왜 자꾸
보고 싶은 게니

이 면은 독자님과 함께 하기 위해 비워둔 공간입니다
캘리그라피나 자작시로 꾸며 선물하시면 더 뜻 깊은 시집이 됩니다.

햇살 커피

햇살 들어오는 창가에 앉아
그대 생각하며 마시는 커피!

들길 따라 걷다가
 들꽃 앞에 서서
꽃 한 번 바라보고
 꽃 닮은 그대 얼굴 한 번 바라보고

그 생각으로 마시는 커피
 햇살 좋은 날
다시 마시고 싶은 커피!

여름밤에 쓴 편지

무더위와 싸운 어젯밤에는
참으로 많이 보고 싶었습니다

달려갈 수도 없고 불러올 수도 없고
그냥 내 안에 담긴
그대 흔적만 꺼내 놓고
생각하는 것만으로 만족해야 했습니다

그대 곁에 앉아
목소리가 전해 준 향에 취하고 싶고
빠질 듯 바라보다
그대 눈에 빠져도 보고 싶고

늘 바라볼 수 있도록
내 가슴 한 칸을 하늘로 만들어
친별로 달아 두고 싶은 그대

그대를 생각할 수 있는
여유에 감사하며
뜨거운 여름밤을 보내고 있습니다

8월 더위

8월이
더위만 있는 줄 알았죠?
사랑도 있고
그리움도 있는데

그걸 모르면
더위만 탈 수밖에요

산은 산이 그립고
나는 그대가 그립다

폭포수에 뛰어든 산을
물 위에 산을 그리고
그리움에 뛰어든 그대 생각은
내 안에 그대 모습 그린다

산은 산이 그립고
나는 그대가 그립다

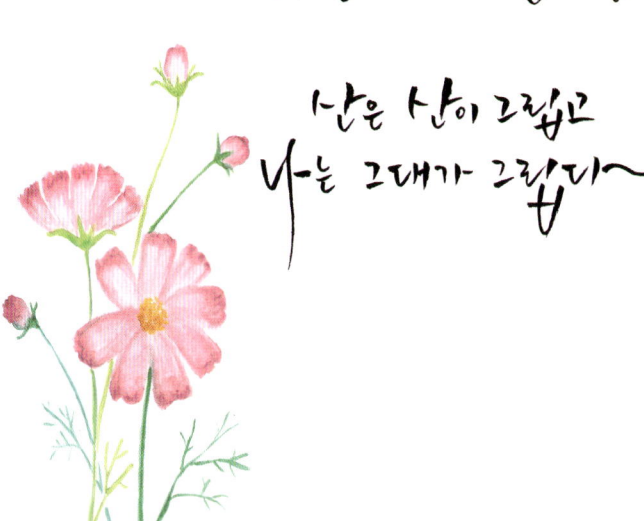

행복 축가

행복한 느낌을 받을 때마다
꼬리표를 달았습니다
느낌을 달았습니다

오늘도 커피 한 잔 마시다가
꼬리표를 달려고 돌아보니
많은 행복이 달려있습니다

내가 달아놓은 꼬리표에
그대 이름도 붙어있습니다

또 하나의 행복이
축가 되었습니다

향기

깊은 그리움은
향기를
자아낸다는 말이 있지요

바알이더군요

눈 지그시 감고 앉아
그대 생각해보니

혹시 내 생각 날 때는

앞에 있는 꽃들이 내 얼굴로 보일 때
가슴속에 누가 있나 들여다 볼래
세상에서 내가 제일 좋아하는 사람
늘 담고 사는 그 사람이 웃고 있을 테니까

앞에 있는 나뭇잎이 편지로 보일 때
편지속에 무슨 글이 있나 읽어 볼래
세상에서 제일 보고 싶어 하는 사람에게
늘 적고 있는 그리움이 가득할 테니까

홀로 서 있는 겨울나무를 만나면
나무의 생각을 들려달라고 할래
품고 있다 떨어진 나뭇잎이 그리워
너를 못 잊는 나처럼 기다린다 할 테니까

빗속에서 걸어 나와 가슴에 안기고
달 속에서 걸어 나와 내 손을 잡아주는
담고 사는 네 모습이 너무 보고 싶어서
보고 싶어 잠시도 쉴 수가 없어

사랑에 젖고 싶다

오늘같이 비가 내리는 날은
그대와 카페에 앉아
따뜻한 차 한잔 마시고 싶다

찻잔 속에 서로를 담고
조금씩 아주 조금씩
서로를 느끼면서
사랑에 젖고 싶다
늘 보고 싶은 그대

처서

처서다

아침부터
귀뚜라미 소리가
이리도 요란한 걸 보니

올가을
참
그립겠다

어떻게하죠

어울리지 않게
턱도 없는 사람을
좋아하게 되면
간이 부었다고 하잖아요

하지만 어쩌죠
모두가 아니라고 할 그대를
내가 좋아하고 있으니
제 간이 배 밖에
나온 것 같은데

그대는 누구입니까

차를 마시는데
소리없이 다가와
찻잔에 담기는 그대는 누구입니까?

낙엽 밟으며 산길을 걷는데
살며시 다가와
팔짱 끼고 친구 되어 주는
그대는 누구입니까?

비를 보고 있는데
빗속에서 걸어 나와
우산을 씌워주는 그대는 누구입니까?

사람없는 강둑을 걷는 데
물 위에 미소 짓는 얼굴 하나 그려놓고
더 그립게 하는 그대는 누구입니까?

푸른 내 마음에
 그리움을 꽃으로 피우고
꽃과 함께 살자는 그대는 누구입니까?

커다란 비켤을 따서
내 가슴에 달아 주며
늘 생각해 달라는 그대는 누구입니까?

바람타고 달려와
내 마음에 둥지 짓고
늘 보고 싶게 만든 그대는 누구입니까?

내 마음의 주인이 되어
보고 있는데도 더 보고 싶게 만드는 그대는
그대는 진정 누구입니까?

생각할 수 있는 건 축복입니다

오늘은
감사하다는 생각을 했습니다

밤을 얹게우지 않고
오직 줄 수 있는 대상이 있다는 것은
축복 받은 행운이 아닐 수 없습니다

아침 일찍 눈을 떼도
아니, 눈을 감고 머뭇거린 순간에도
내 안을 찾아와 머물러 주는 당신

오늘같이
어둠이 시야를 가려
한 치 앞을 볼 수 없는 깊은 밤에도
내 가슴에 날뛰는 열을 풀고
드디어 나를 달콤하게 잠들게 하는 당신

어제같이
까치마저 겨울에서 뛰어다닌
내 피곤한 심신을
따뜻한 가슴으로 보듬어
생기 있는 삶으로 바꾸어 주는 당신

나는
그리움을 행복으로 잉태시킨
그대가 있어 더 행복합니다

찻잔 속의 얼굴

찻잔 위에
어리는 얼굴
미소 짓는
당신입니다

흔들리면
지워질까
살며시
내려놓습니다

사랑 한 줌

주머니에
손 한 번 넣었던 적 있잖아~

왜 넣었는지 아니?

내 손에
차가운 네 손이 들어오면 데워주려고
따뜻한 마음 한 줌 쥐고 있었거든

커피

커피에
설탕을 넣고
크림을 넣었는데
맛이 싱겁네요
아
그대 생각을
빠뜨렸군요

너 닮은 꽃

너를 보고 있으면
가슴 찡한 감동이 이는데
어떻게 내가
예쁘다는 말을 안 할 수 있니

너를 보고 있으면
눈을 뗄 수 없는데
어떻게 내가
아름답다는 말을 안 할 수 있니

나를 보고 미소까지 짓는데
어떻게 내가
좋아한다는 말을 안 할 수 있니

그렇다고
어떻게 내가
좋아하는 사람을 닮았다는 이유로
너를 데려가겠다 할 수 있니

커피
언제 마실까요

아침부터
커피를 준비하고 있습니다
컵에 담긴 커피가
고개를 갸우뚱거립니다

"왜 아침부터 커피를 마시지?"
궁금하다는 표정입니다

답도 없이 커피잔을 들었습니다
늘 그랬던 것처럼
그대 생각을 꺼냈습니다

그제야 커피가 알았다는 듯
부드러운 미소를 짓습니다

그대와 함께 마시면 좋을 커피!
오늘도 커피가
그대 있을 자리에 있습니다

우리 언제 커피 마실까요?

에필로그

캘리그라피를 처음 접하고
윤보영님의 "커피도 가끔은 사랑이 된다"라는
글귀를 적으면서 너무 멋진 말이라 생각했습니다-

우연히, 공모전에 도전하고
이렇게 윤보영 시인님의 멋진 시들을
저만의 감성으로 표현할 수 있도록 기회를 주신
시인님과 카드들에 진심으로 감사드립니다-

시를 읽고 캘리그라 적고 그림을 그리는 내내
어린시절로의 추억여행을 다녀온 듯
기분 좋은 순간들이었습니다-

독자 여러분들도 책을 읽으시고
자신만의 감성으로 시를 적어보시면
아마도 저처럼
행복한 여행을 하실 수 있으실 거예요

여러분들의 하루하루가-
소소한 일상들이
설레임으로 떠나는 기분 좋은
여행길이 되시길 축복합니다-

캘리그라퍼 한 미 옥 (필명:들꽃)

인스타그램 : http://instagram.com/miok0126
카카오스토리:http://story.kakao.com/cLB5M7

동호회 (밴드) 활동

캘리그라피 마당
캘리는 내친구
사진..여행...책..그리고 커피

2016

윤보영 커피시 감성캘리그라피 작품 공모전   동상

커피시인 윤보영의 캘리시집은
가슴 따뜻한 감성시에 캘리그라피의 멋스러움을 더한
카드들의 Gift Art Book입니다.
금번에 계절시집 **바람으로 왔다가 꽃으로 머무는 봄**에 이어서
여름편-**가슴에 내리는 비**를 출간하게 되었습니다.
한글로 아름다운 세상 만들기라는 주제 아래 계속 되어 지는
윤보영 시인의 캘리시집은
가을편-**높은 하늘 깊은 그리움**, 그리고 겨울편-**12월의 선물**이 출간됩니다.

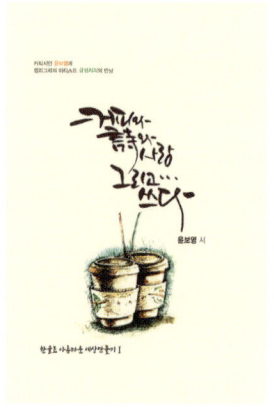